Christiane…

L'esprit de votre Loi a disparu en partie !

Michel REES 2020

Une femme, Christiane Scrivener, Secrétaire d'Etat dans les gouvernements Chirac et Barre de 1976 à 1979, est inconnue ou presque des générations récentes et pourtant…

Oui …Pourtant, son nom est associé à la Loi N°78-23 du 10 janvier 1978, notamment liée à la protection <u>des consommateurs particuliers</u> dans le domaine des crédits à la consommation, des prêts personnels, des crédits renouvelables, des locations avec option d'achat, des locations longue durée et des prêts immobiliers.

Les dispositions de la présente loi étaient d'ordre public.

<u>Ce progrès fut une avancée majeure</u> pour notre société de consommation.

Le crédit est un élément moteur de la croissance économique et les règles de sa distribution sont essentielles. Comme dans bien des domaines, c'est la confiance qui prime à son développement. L'étymologie du mot crédit vient du latin credere (croire) et veut dire justement …faire confiance. Si cela paraissait évident du côté prêteur, il était important que la réciproque fût aussi établie pour l'emprunteur.

Nous évoquons ici Scrivener 1 c'est-à-dire, aujourd'hui, les opérations comprises entre 200 et 75 000 €, d'une durée égale au moins à 3 mois.

Cette « révolution » a permis d'éclairer le consommateur en tous points. En effet, les Banques et les établissements financiers se sont retrouvés dans l'obligation de fournir tous les détails d'un crédit lors de sa souscription. En 1978, cette évidence n'existait pas.

Ainsi, grâce à cette loi, l'offre de prêt devait, notamment, indiquer :

- Le montant de la mensualité hors assurances,
- Le montant de la mensualité avec assurances,
- Le coût total avec ou sans assurances,
- Le Taux Effectif Global.
- Etc.

Rédigé de façon **claire, loyale et lisible**, ce document contractuel était valable pendant 15 jours.

L'emprunteur avait alors un droit de rétractation de 7 jours pour annuler son crédit. Depuis 2014, ce délai est passé à 14 jours.

On évoque souvent cette loi sous l'appellation simplifiée de Protection du consommateur.

Or, sa dénomination précise est :

« Loi n°78-22 du 10 janvier 1978 relative à **l'information** et à la protection des consommateurs dans le domaine de certaines opérations de crédit »

Le maître mot est bien l'information.

Au fil du temps et des aménagements, la Loi a été intégrée au Code de la Consommation.

<u>**Chapitre 1 Ce qu'édicte la Loi Scrivener 1**</u>
<u>*Art.L.311-2.*</u>

Les dispositions du présent chapitre s'appliquent à toute opération de crédit, ainsi qu'à son cautionnement éventuel, consentie à titre habituel par des personnes physiques ou morales, que ce soit à titre onéreux ou gratuit.

Pour l'application du présent chapitre, la location-vente et la location avec option d'achat, ainsi que les ventes ou prestations de services dont le paiement est échelonné, différé ou fractionné, sont assimilées à des opérations de crédit

NB : <u>La location longue durée était donc concernée</u> puisqu'il s'agissait d'une prestation de services dont le paiement était échelonné et d'ailleurs, en 1978, les établissements financiers de premier plan avaient créé des liasses/contrats spécifiques à la LLD au « format » exigé par la loi pour les opérations de crédit.

Or aujourd'hui, le Code précise, Article L311-1

*4° Opération ou contrat de crédit, une opération ou un contrat par lequel un préteur consent ou s'engage à consentir à l'emprunteur un crédit sous la forme d'un délai de paiement, d'un prêt, y compris sous forme de découvert ou de toute autre facilité de paiement similaire, **<u>à l'exception des contrats conclus en vue de la fourniture d'une prestation continue ou à exécution successive de services ou de biens de même nature</u>** et aux termes* *desquels l'emprunteur en règle le coût par paiements échelonnés pendant toute la durée de la fourniture ;*

Ainsi, la LLD est exclue de toute obligation réglementaire dans la partie financement. On peut quand même se demander pourquoi la LOA ne serait pas, elle aussi, exclue du Code de la Consommation de protection car ce simple paragraphe est totalement ambigu.

Il suffisait au Législateur de faire une liste nominative des opérations concernées.

Quant à la loi Scrivener 2, elle s'applique aux prêts immobiliers, toujours souscrits par les particuliers.

L'objet de cet ouvrage n'est pas de rentrer dans les détails de cette Loi qui est complexe et détaillée, compte tenu de la nature du sujet, mais de mettre en évidence ce qui ne l'est pas.

<u>**Chapitre II Le but recherché par les dispositions légales était double.**</u>

Deux objectifs étaient poursuivis à savoir :

- Obliger les établissements de crédit à fournir aux souscripteurs <u>une information complète, détaillée et claire de l'opération financière.</u>

- Donner aux emprunteurs un délai de réflexion, offre de crédit en mains, pour leur permettre de pouvoir évaluer posément la portée financière de leur engagement, d'avoir la possibilité de comparer et de se rétracter éventuellement.

En résumé, éclairage et réflexion étaient au menu.

Ceci d'autant que la loi incluait des règles sur la publicité des offres de crédit.

Cela parait évident aujourd'hui et pourtant, le compte n'y est toujours pas.

Le principe général est qu'une Loi peut connaître des modifications au fil du temps en vue d'apporter des améliorations par rapport à son objectif de départ, mais elle ne devrait **jamais** constituer une régression, une réduction de son périmètre législatif ou une occultation de ses principes de base.

Et pourtant, c'est la réalité actuelle sur certains points.

<u>**Chapitre III Pourquoi ce livret d'informations ?**</u>

Aujourd'hui, compte tenu de l'envahissement indéniable de certains produits financiers au travers de tous les médias, il s'agit de provoquer une réflexion objective et simple afin,

1. De faire rentrer les opérations de Location Longue Durée dans le cadre de la panoplie qui protègent les acheteurs à crédit, voire augmenter la visibilité de ces offres peu lisibles voire obscures.

    Une émission récente sur une chaîne d'informations sérieuse évoquait qu'aujourd'hui, 1 voiture sur 3 était louée et qu'un contrat de location sur 2 était souscrit par des consommateurs de moins de 25 ans.

    On mesure bien l'urgence de maîtriser la situation.

Et accessoirement,

2. De faire prendre conscience au Législateur qu'il faut modifier les règles de calcul du taux de l'usure.

<u>**Chapitre IV Historique rapide des évènements**</u>

Janvier 1978, un coup de « tonnerre » s'abat sur les banques et les établissements de crédits. Une loi leur impose des règles strictes pour informer leurs clients au plus près et cela implique des modifications multiples des contrats de crédit et la formation des collaborateurs des réseaux de ventes et notamment dans l'automobile. Le chantier est démesuré eu égard à ce qui existait.

Comment cela se passait-il avant ?

Avant cette loi, par exemple pour l'achat d'une automobile, un acheteur à crédit repartait souvent avec une proposition verbale, voire un « écrit » griffonné sur le dos d'un catalogue publicitaire. Cela se déroulait sans l'engagement formel ou juridique de la part du vendeur ou du Concessionnaire.

Le contrat de crédit était souvent signé à la livraison. La « découverte » réelle de son engagement se faisait par la réception du contrat envoyé 8 jours au mieux après la livraison sans possibilité de retour pour annulation.

Et encore, nous évoquons ici les crédits auto, c'était pire pour les opérations plus compliquées comme les crédits renouvelables, les Locations avec Option d'Achat (LOA) et les Locations Longues Durées (LLD).

Auparavant, toutes sortes d'abus, volontaires ou involontaires, étaient constatés ! Sinon pourquoi cette loi aurait-elle été imaginée puis votée ?

Depuis ces dispositions, même si les bordereaux de rétractation sont utilisés rarement, cela donne un contre-pouvoir au consommateur face à un « vendeur » qui sait désormais que son client peut se rétracter et si litige il y avait, il s'arrangerait pour le régler … avant le clash.

Il faut se réjouir que ces temps, dignes d'une époque « néandertalienne », aient disparu.

Ainsi donc, le challenge s'annonçait difficile pour les banques car il fallait modifier les habitudes des opérateurs commerciaux peu habitués à autant de formalisme.

Aujourd'hui, la tâche de ces derniers se trouve largement facilitée par le développement des applications informatiques.

Chapitre V Adaptation des banques aux nouvelles contraintes

De tous temps, les établissements financiers ont su s'adapter et se plier aux exigences nouvelles des marchés.

Nous n'allons évoquer ici que quelques exemples ;

Il faut remonter quelques 40 ans en arrière pour se rappeler que le Conseil National du Crédit légiférait, type d'opérations par type d'opérations, pour encadrer le crédit en France.

Quand on octroie un prêt, on augmente la masse monétaire. En limitant la distribution du crédit, les pouvoirs publics pensaient contrôler l'inflation. Celle-ci, entre 1973 et 1982 oscillait entre 9 et 13 %.

Chaque catégorie de crédit avait des normes d'apport et de durées de remboursement.

Par exemple, en Août 1969, il avait été décidé que pour acheter une voiture neuve il fallait disposer d'un apport de 50 % avec une durée maximale de remboursement de 18 mois.

On peut imaginer le coup de frein donné aux crédits et aux ventes automobiles, quasiment - 90 % le premier mois.

Plus tard, on a encadré les établissements de crédit en limitant le montant de la distribution de prêts par rapport à leurs encours passés.

C'est à cette époque que les prêts personnels et les crédits renouvelables sont nés afin de contourner les réglementations drastiques en cours.

On a vu une grande banque prendre un accord avec un établissement financier afin d'envoyer ses propres clients à la « concurrence » … devenue une alliée, en vue d'obtenir un crédit. Ce fut la naissance de l'Uniprêt.

La LOA (Location avec Option d'Achat) et la LLD (Location Longue Durée) connurent un développement exponentiel durant ces années d'encadrement.

En effet, les établissements financiers avaient créé des sociétés commerciales qui sortaient du dispositif de limitation des encours des banques. Ces sociétés commerciales achetaient des véhicules en vue de les louer en dehors des contraintes imposées au système bancaire.

Nous ne parlerons pas ici de la règle des cinquièmes de TVA sur les LOA qui connurent un franc succès grâce à une règle fiscale avantageuses pour les locataires au détriment des finances publiques.

Il a été mis fin à ces pratiques avec des années de retard. Les distances de freinage d'une automobile peuvent être calculées scientifiquement mais quand c'est l'humain qui est au contrôle, noyé dans les complications administratives habituelles, le temps devient une notion abstraite. On pense agir… On va agir… demain… de suite… dans pas longtemps… Qui sait ?

La création d'un Ministère des Évidences n'est pas pour demain. Dommage ! Pourtant ce serait facile à imaginer !

Autre exemple plus récent, la LOA (Location avec Option d'Achat) a connu une commercialisation accrue à la faveur des nouvelles normes de calcul du Taux de l'usure, édictées par le Ministère de Christine Lagarde.

En effet, depuis 2010, les taux de l'usure sont maintenant calculés sur 3 tranches. Ce n'est plus la catégorie ou le type de prêts qui est retenu mais son montant.

On considère les taux moyens pratiqués par les banques au cours du trimestre précédent et on y rajoute un coefficient de 33 % pour déterminer le taux d'usure.

Ainsi 3 tranches ont été créées. Elles sont actuellement au 2ème trimestre 2020 :

Prêts d'un montant inférieur ou égal à 3 000 €, taux moyen constaté, **15,98 %**, ce qui donne :
Taux de l'usure 21,21 %

Prêts d'un montant supérieur à 3000 € et inférieur ou égal à 6 000 €, taux moyen constaté, **8,40 %**, ce qui donne :
Taux de l'usure 11,20 %

Prêts d'un montant supérieur à 6 000 €, taux moyen constaté **4,26 %**, ce qui donne :
Taux de l'usure 5,68 %

Quelques commentaires :

- On notera la disparité **singulière** des taux d'une tranche à une autre.

- Le taux de l'usure est égal au taux moyen pratiqué au cours du trimestre précédent augmenté de 33 % ce qui anormalement exagéré.

- Les taux moyens sont déterminés par le déclaratif des banques interrogées. On aimerait connaître la méthode. De plus, les taux sont applicables le premier jour du trimestre c'est-à-dire 24 heures après la fin du trimestre précédent. Un éclaircissement sur le calcul serait le bienvenu.

- En tout état de cause, permettre des taux aussi élevés et autoriser une pondération à 33 % alors que les intérêts sur l'épargne sont si bas, relève d'une incohérence où l'évidence est absente.

- Mais le plus critiquable est que les prêts de petits montants s'adressent évidemment aux budgets modestes qui n'ont pas d'autres alternatives à l'équilibre précaire de leur budget. Ce sont les crédits renouvelables qui « plombent » le résultat de la 1ère tranche.

Pour illustrer ce qui précède, voici un exemple :

<u>Un crédit classique</u> de **6 000 €** sur 36 mois

Au TAEG de **5,11 %** Mensualité   **179,80 €**

Coût Total   **472,80 €**

Un crédit renouvelable de **3 000 €** sur 36 mois

Au TAEG de **21,21 %** Mensualité   110,56 €

Coût Total   **980,16 €**

On constate ainsi que,

Le crédit renouvelable d'un montant 2 fois moins élevé fait ressortir un coût total 2 fois plus cher !!!

Peut-on durablement fonctionner avec des règles aussi **« incredible »** ?

Et pour clore cette constatation, il faut ajouter que les crédits renouvelables ont un taux révisable. Certains diront qu'il peut aussi être à la baisse.

Si on analyse les graphiques des historiques, ce n'est qu'une probabilité …improbable !

Rappelons que les taux de l'usure ne concernent que les crédits et non pas les locations.

On devine aisément pourquoi les LOA ont commencé à faire l'objet de matraquages publicitaires.

En reconstituant les éléments d'une offre LOA on a pu constater un **TAEG équivalent apparent de 12,13 %.**

Cet exemple est de juin 2014 alors que **le taux de l'usure était alors à 10,21 %.**
Ainsi, en toute légalité, en « habillant » une vente automobile d'un costume LOA, le prêteur se voit exonérer

de l'obligation de se limiter au taux de l'usure… mieux il n'a pas à décliner l'indication d'un TAEG équivalent.

La LOA étant toujours incluse dans le Code de la Consommation, quelques contraintes constituaient encore un frein aux annonceurs. Nous verrons plus loin comment ces complications ont été « englouties ».

La porte allait s'ouvrir sur une possibilité de promotion sans la moindre contrainte.

A propos de la publicité qui doit répondre à une certaine clarté d'information, on peut noter ces quelques constations non exhaustives :

- Il est toujours fréquent de visionner un modèle automobile haut de gamme alors que la mensualité phare mise en avant est bien inférieure. Certes un bandeau défile en bas de l'écran mais l'information n'est pas lisible. (Voir ci-après le rapport de la DGCCRF)

- Parfois, la voix du spot est accélérée. Double avantage, c'est moins long donc moins couteux et on diminue la compréhension des informations légales.

Nota : Une fiche technique LOA est jointe en fin de livre.

<u>Chapitre VI Pourquoi la LLD a-t-elle été écartée de la loi protectrice ?</u>

C'est le sujet principal : comprendre les dangers liés à cette technique de vente. Au-delà des apparences, il s'agit bien d'une vente à « crédit » qui ne veut pas dire son nom.

Si l'on regarde les textes successifs, à part une méconnaissance des usages, de la réalité du terrain ou l'occultation d'un paragraphe, on ne peut pas comprendre cette « disparition » de la LLD des radars de protection des consommateurs !

C'est devenu une niche « éléphantesque » afin de s'exonérer des contraintes réglementaires.

Or, aujourd'hui, les Locations Longues Durées ont envahi les écrans publicitaires de toutes natures.

La seule case de liberté pour les annonceurs, eu égard aux contraintes légales actuelles, est bien la LLD.

De quoi s'agit-il ?

Sans les obligations coercitives des autres formes de financement, il y a matière à prospérer pour les « vendeurs ». Nous n'évoquons pas ici les conseillers commerciaux qui, malgré cette dénomination antinomique, n'ont d'autre choix que de suivre la politique des directions des réseaux de vente.

Pour certains locataires, c'est l'illusion d'être plus riche au volant…la durée de la location.

On peut, en apparence, rouler dans un véhicule au-dessus de ses moyens… le temps du contrat.

En effet, la particularité première de la LLD est que l'on propose un loyer très faible par rapport au prix de la voiture et aussi par rapport au même achat… à crédit.

C'est là que toute l'ambiguïté commence.

Pourtant, certains sites de petites annonces martèlent le conseil suivant : Faites attention aux offres trop alléchantes.

Le concept est de dire : le bon plan est de louer plutôt que d'acheter. Ainsi, vous pouvez changer plus fréquemment de véhicule. Quelle liberté !!!

Cette image idyllique dérape quand on sait que la publicité s'oriente sur des modèles de base ou de milieu de gamme avec des loyers minorés sur des durées allant jusqu'à 4 ans. C'est plutôt de la **LTLD**, Location de Très Longue Durée.

Ces offres vont intéresser les plus modestes puisque le montant des loyers n'est pas en rapport avec le véhicule.

Certes, le produit est exposé comme un loyer qui ne représenterait que le coût de la dépréciation. Tout cela est illusoire dès que l'on énumère les contraintes en contrepartie.

Une fiche technique de la LLD est jointe à ce fascicule mais si on veut résumer synthétiquement cette opération, elle se présente parfois ainsi (hypothèse avec un premier fort loyer).

Nous avons relevé, sur le site Internet d'une filiale d'un constructeur, la publicité LLD suivante :

L'exemple est donné sur une durée de 49 mois.

En mentions légales, il est indiqué :

- 1er loyer de 2 560 euros
- 129 euros mensuels hors prestations facultatives
- Durée de 49 mois
- Les caractéristiques du véhicule
- La mention : « Sous réserves d'acceptation par le loueur »
- Le prix du même véhicule au comptant (ce qui n'est pas toujours le cas)

Commentaires sur cet exemple :

- Comparé à la location d'un appartement, c'est comme si, au lieu d'un mois de dépôt de garantie récupérable, on vous réclamait parfois l'équivalent de près de 20 mois de loyers d'avance à fonds perdus. Il s'agit donc bien d'un financement avec apport.

- Aucune indication du coût total à la fin de la location.

- Pas de détails sur les prestations facultatives.

- En général l'apport est constitué par le prix de reprise de l'ancienne voiture qui, de ce fait, ... disparaît pour toujours !

- Les conditions de restitution et l'obligation de louer jusqu'à la fin du contrat sont absentes.

- Quant aux kilomètres excédentaires éventuels, il y a très peu d'explications fournies et le prix varie, selon les opérateurs, du simple au triple parfois.

Néanmoins, les commentateurs sur les différents supports médiatiques, qui se présentent comme spécialistes de la consommation, décrivent la LLD ainsi :

- La tranquillité ... **(Oui pour le loueur)**

- Tout est pris en charge... **(Cela reste à démontrer)**

- Vous savez au centime près combien vous payez **(Totalement faux si la TVA augmente)**

- Plus de mauvaises surprises... **(Il faut, sans doute comprendre <u>plus</u>, le contraire de moins)**

- À la fin du contrat, pas besoin de se soucier de vendre la voiture aux meilleures conditions...

Dommage … Une si belle occasion suivie et apprêtée …

Bien sûr, dans leurs commentaires, ces intervenants ne peuvent éviter de reconnaitre certains « inconvénients », comme par exemple, *« Et surtout attention, il peut aussi y avoir des frais de remise en état en fin de location qui peuvent être très élevés. »* doux euphémisme car c'est justement là que le bât blesse.

Nous ouvrons une parenthèse pour nous indigner sur les commentaires évoqués plus avant. Ils ont quand même pour origine une chaîne à grande audience et qui a une réputation de sérieux. Cette dernière remarque accentue le danger pour celui qui écoute. Que voit-on à l'écran ?

Il y a 3 personnes présentes, la journaliste soi-disant spécialiste de la consommation, le présentateur vedette qui, sourire aux lèvres, enfonce le clou en disant qu'il loue ses voitures depuis des années. Les 2 se tournent alors vers un journaliste plus jeune et moins fortuné sans doute qui, lui, en quelques phrases résume bien les véritables problèmes liés à la location.

A ce stade, on peut dire que la LLD s'adresse à différents types d'« acheteurs » :

- Les entreprises parce qu'elles bénéficient grandement des prix de locations liés à leur taille. Ces formules réduisent le travail des comptables : un loyer simple à payer, récupération de tva, pas d'amortissement, pas de plus-value, pas de moins-value, pas de budgets prévisionnels pour les frais…

- Les personnes nanties ou fortunées, qui en échange de la simplification, acceptent l'inconnu et les contraintes…mais comme l'argent n'est pas un obstacle pour eux…

- Les personnes qui ne savent pas compter mais qui empruntent les chemins des effets de mode.

- Les personnes à petits budgets qui « plongent » sans trop savoir car le loyer, souvent attractif, les aveugle sur le moyen terme. C'est un « crédit boomerang » !

C'est pour cette dernière catégorie de souscripteurs que cette réflexion est menée.

Cela rappelle une formule qui a existé il y a très longtemps et qui avait refait surface ces dernières années. C'est le fameux « crédit ballon » !

Le principe est simple. On fait payer des petites mensualités adaptées au budget du client pendant 47 mois et le 48ème mois il y a une « grosse échéance ».

Sur l'échelle du pire, peut être que ce « crédit ballon » est aussi toxique que la LLD. En effet, le 48ème mois, le souscripteur a bien une dette à payer à une échéance précise qu'il ne pourra sans doute pas honorer. Hormis le cas d'une rentrée d'argent programmée à ce moment-là, on ne voit pas un client, juste en budget puisqu'il paie une mensualité minorée, mettre de côté, chaque mois, une provision pour payer la dernière à la fin du crédit. Là encore le client est « ficelé » et démuni.

Aujourd'hui, la LLD, sorte de pierre philosophale pour les distributeurs du commerce à crédit, est même proposée sur des véhicules d'occasion et …d'autres biens. Est-ce que, pour certains objets loués, le sommeil est de plus longue durée ?

L'ennui est, que pour les voitures, les montants en jeu sont importants.

Certaines associations pourtant alertées depuis longtemps commencent à s'indigner sur les pratiques de la location longue durée en général mais de façon trop… « timide » alors que le sujet est facile à aborder.

Il s'agit de faire rentrer dans le rang, une opération qui n'aurait jamais dû sortir du carcan protecteur en faveur des consommateurs.

En effet, le profit pour les loueurs se situe au moment de la restitution puis de la revente du bien.

Ce jour-là, le locataire sera facturé des éventuels kilomètres supplémentaires, détériorations extérieures et intérieures. Chacun sait que la carrosserie, la rénovation et les pièces détachées coûtent cher.

Côté mécanique, il n'y aura sans doute pas de problème car l'entretien est incorporé à la location, soi-disant offert mais rien de chiffré n'est fourni en ce sens.

Et là tout sera possible !

Dans le meilleur des cas, le consommateur signera pour une nouvelle LLD en échange d'une réduction de la facture de remise en état. Il avait un apport au début de l'opération, il aura peut-être maintenant une dette à éponger.

La LLD c'est l'aventure, non pas dans son sens noble mais dans la perspective d'une opération mal définie, dangereuse et non maîtrisée !

Le but du loueur :

- Fidéliser des clients à vie c'est-à-dire les « enchaîner » le plus longtemps possible.

- Se constituer un parc d'occasions récentes et entretenues sur lequel il pourra augmenter sa marge finale.

Important : le sujet ici n'est pas de juger le fait de faire des profits mais de contester le contexte dans lequel ces opérations prolifèrent.

Une dernière anomalie prouve bien que le dispositif de protection est défaillant.

Le Législateur, Loi Lagarde 2010, a obligé les annonceurs à indiquer ceci :

« Un crédit vous engage et doit être remboursé. Vérifiez vos capacités de remboursement avant de vous engager »

Cette mention met l'accent sur la solennité de souscrire un prêt.

En crédit, l'opération est simple mais, néanmoins, on rappelle l'importance de l'engagement, alors que pour une LLD, opération risquée, peu claire et mal présentée puisqu'exclue du code de la consommation, on considère qu'il n'est pas utile de rappeler cette précaution.

Cette démonstration met en lumière l'évidence d'une contradiction que l'on ne prend pas la peine de prendre en compte.

Continuer de permettre à la LLD de se développer dans des conditions sans cadre et sans contraintes réglementaires n'est pas acceptable.

Il faut d'urgence légiférer sur ce sujet.

Il n'est pas utile d'ajouter ce genre d'opérations à des dossiers de surendettement.

<u>**Chapitre VII Le rapport de la DGCCRF**</u>

Le 23 mars 2016, la Direction Générale de la Concurrence, de la Consommation et de Répression des Fraudes a publié un rapport sur le financement automobile.

Il ressort :

- 31 % d'anomalies
- 50 avertissements
- 19 injonctions
- 14 procès-verbaux
- 2 amendes administratives

On évoque ici 237 établissements contrôlés. Si on admet qu'au minimum 50 bons de commandes ont été visionnés auprès de chaque point de vente, on peut imaginer qu'au moins 10 000 dossiers ont été visionnés.

Il est écrit :

« Les enquêteurs ont relevé des pratiques publicitaires litigieuses. Les publicités portent rarement sur des opérations de crédit affecté ou sur de la LOA, mais les constructeurs ont tendance à orienter leur communication sur la LDD. Ils échappent ainsi aux contraintes propres à la réglementation sur le crédit et peuvent communiquer sur des loyers bas, attractifs, correspondant à des véhicules d'entrée de gamme et une base kilométrique peu importante. »

« Les enquêteurs ont aussi relevé des publicités trompeuses (images de véhicules haut de gamme alors que les mensualités mentionnées correspondaient à des voitures d'entrée de gamme). »

« De nombreux contrats analysés n'étaient pas à jour des nouvelles dispositions réglementaires portant sur le crédit à la consommation. »

« Les investigations menées dans le domaine de la location longue durée (LDD) n'ont, en revanche, révélé aucun manquement. » ???

Sur ce dernier point, compte tenu de ce qui précède, comment pourrait-il y avoir des anomalies dans un périmètre exclu de la réglementation ?

Plus loin,

« Au regard des nombreux manquements relevés, les pratiques de financement dans le secteur automobile <u>nécessitent une vigilance soutenue des services.</u> La DGCCRF veillera à l'exécution des sanctions prises à l'encontre des opérateurs contrevenants. »

Le seul fait que la DGCCRF ait contrôlé les opérations de LLD prouvent qu'elles font totalement partie du financement automobile (Intitulé de leur enquête) et qu'à ce titre, elles doivent être réintégrées au Code de la Consommation, c'est-à-dire faire bénéficier les souscripteurs concernés d'une protection.

<u>Fiche Info LOA, Location avec Option d'Achat</u>

- La Location avec Option d'Achat est une location sur 3, 4 ou 5 ans avec un kilométrage prévu au départ. Par exemple une LOA de 4 ans et 40 000 km.

- Il peut y avoir un dépôt de garantie déductible au moment du rachat du contrat. Dans le cas d'un premier fort loyer, celui est versé à fonds perdu.

- Contrairement au crédit, il n'y a pas de TAEG.

- On ne peut pas interrompre la location avant le 12e mois

- Un tableau d'interruption à partir du 12e mois vous sera envoyé après la livraison, mais vous pouvez en prendre connaissance avant de signer.

- Dans le cas d'une interruption en cours de contrat, on doit payer, en général, une pénalité <u>de 4%</u> qui doit figurer dans l'offre de location.

- Comme en crédit affecté, vous bénéficiez d'un délai de rétractation de 14 jours.

- On loue principalement des véhicules. Dans ce cas, il est préférable de souscrire la perte financière qui protège le locataire lors d'un sinistre total. En effet, c'est le loueur qui est le propriétaire du bien. A ce titre, il recevra directement l'indemnité de l'assureur… mais hors taxes. Il sera réclamé la TVA résiduelle de 20 % au locataire. La perte financière qui a un coût mensuel lui évitera de la payer.

- En cas de rachat, il faudra acquitter le montant d'une nouvelle carte grise, la première, facturée à l'origine, était au nom du loueur.

- En général, la LOA est plus chère qu'un crédit classique affecté. L'absence de TAEG peut permettre des écarts de coûts.

- Les offres actuelles s'appuient sur des loyers minorés ce qui a une influence sur les valeurs de rachat.

- Dans le cas où le prétendant à la location aurait, d'une part, une rentrée d'argent <u>certaine</u> lui permettant de racheter son véhicule en fin de contrat et que, d'autre part, les échéances <u>minorées</u> sont déterminantes dans son choix, il peut « s'aventurer » dans cette opération.

- <u>Si le locataire ne lève pas l'option d'achat en fin de contrat,</u> on lui facturera les kilomètres supplémentaires qui dépassent ceux prévus à l'origine au contrat, ainsi que la remise en état standard (terme peu précis) de la mécanique et de la carrosserie.

- <u>Toujours dans le cas d'une option abandonnée</u>, le locataire devra s'y prendre à l'avance pour envisager sa nouvelle acquisition, surtout s'il achète son véhicule dans une autre Concession. En effet, il sera, du jour au lendemain, sans voiture. Il lui faudra anticiper la restitution.

- **Si le taux de TVA augmente pendant la location, les loyers seront majorés en conséquence.**

Conclusion : Coûteuse, contraignante, peu souple et difficile à cerner sur 3, 4 ou 5 ans, c'est une opération à éviter pour un particulier. C'est une démarche à conseiller aux professionnels pour des facilités de gestion comptable.

<u>L'une des particularités de la LOA</u> c'est que l'on peut, après 12 mois de location, interrompre l'opération et racheter le véhicule. Par contre, contrairement au crédit, la pénalité pour règlement anticipé est beaucoup plus forte (1% maximum en crédit et 4% minimum en LOA)

Cette caractéristique renchérit largement son coût final.

<u>**Fiche Info LLD, Location Longue Durée**</u>

- Cette opération, qui se caractérise par une mauvaise visibilité pour le souscripteur, <u>**est le seul financement qui n'est pas protégé par le Code de la Consommation**</u>.

- Il est en général proposé avec des loyers <u>très</u> minorés. Le prix du véhicule n'est pas souvent mentionné dans les publicités. La communication se fait sur un modèle de base. On y inclut souvent l'entretien pour un contrat, par exemple, de 3 ans avec 30 000 km à parcourir au maximum.

- La LLD ou Location Longue Durée est commercialisée sur des durées allant jusqu'à 5 ans ce qui est déraisonnable.

- On ne peut pas l'interrompre en cours de location.

- A la fin ou en cours de contrat, il ne sera **jamais** possible de racheter le véhicule.

- Cette location est présentée comme une opération à la mode. Son slogan est : pourquoi acheter sa voiture ? Ne payez que son utilisation. Arithmétiquement parlant, l'annonceur ne peut en apporter la preuve. La raison en est qu'il y a de nombreux paramètres difficilement appréciables au départ de l'opération.

-   Toutes les contraintes ou les inconvénients de la LOA y figurent, c'est à dire :

➔ L'obligation de souscrire la perte financière pour ne pas avoir à payer la TVA résiduelle de 20% en cas de sinistre total, accident, vol ou incendie.

➔ On facturera au Locataire, les éventuels kilomètres supplémentaires dépassant ceux prévus à l'origine, ainsi que la remise en état standard de la mécanique et de la carrosserie.

➔ En cas de difficultés de paiement, **le propriétaire loueur aura tous les droits.**

➔ Il faudra anticiper la sortie, car en l'absence absolue de possibilité de rachat, le Locataire sera <u>sans voiture</u> le dernier jour de location.

➔ À la restitution, la présentation éventuelle d'une addition assez élevée sera le prétexte de proposer au Locataire un deal, c'est-à-dire une minoration de la facture ou son annulation, s'il souscrit une nouvelle LLD. Comme il est démontré, il sera difficile de sortir du système.

➔ Si le taux de TVA augmente pendant la location, les loyers seront majorés en conséquence.

Conclusion : Cette opération est totalement libre de toutes les obligations légales habituelles pour les financements, le tout dans un paysage du crédit à la Consommation qui, lui, est encadré. Il faut savoir que, dans ce cas, la voiture louée est comme une caisse enregistreuse. Elle additionne les bosses, rayures et kilomètres excédentaires entre autres, mais elle ne donne son total qu'à la fin. Avec toutes ces particularités et sans avoir les droits d'un propriétaire, force est de constater que la LLD reste une nébuleuse dans l'appréciation de son coût final. L'obligation de ne pas pouvoir l'interrompre en cours de contrat ajoute au côté obscur de l'aventure.

On peut aussi rêver…

Imaginer que l'on va faire très attention au véhicule…

Qu'on ne va pas l'utiliser sur les parkings de supermarché,

Qu'on le lavera chaque semaine,

Qu'il sera remisé à l'abri,

Que l'on évitera de le sortir inutilement,

Que l'on surveillera, de près, le compteur kilométrique,

… tout ceci pour le rendre irréprochable le jour de la restitution…

Quelle belle aventure moderne !!!

Du même auteur, chez Amazon :

2014 Panique dans la Banque Thriller

2018 Le Capital Capitule ou déroute de la Banque en votre faveur Fiction

www.ingramcontent.com/pod-product-compliance
Lightning Source LLC
Chambersburg PA
CBHW061408160726
47995CB00002B/517